JN409978

서툰 곡선

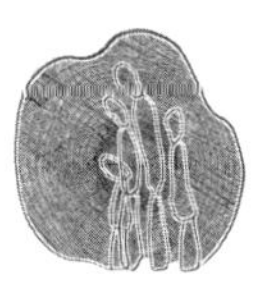

김경수 제8시집

서툰 곡선

초판인쇄 2013년 10월 22일
초판발행 2013년 11월 1일

지은이_ 김경수
발행인_ 이현자
발행처_ 도서출판 현자

등　록_ 제 2-1884호 (1994.12.26)
주　소_ 서울시 중구 을지로 3가 350-1
전　화_ (02) 2278-4239
팩　스_ (02) 2278-4286
E-mail_001hyunja@hanmail.net

값 10,000원

ISBN 978-89-94820-13-2 03810

이 도서의 국립중앙도서관 출판시도서목록(CIP)은 서지정보유통지원시스템 홈페이지(http://seoji.nl.go.kr)와 국가자료공동목록시스템(http://www.nl.go.kr/kolisnet)에서 이용하실 수 있습니다. (CIP제어번호: CIP2013020942)

서툰 곡선

김경수 제8시집

도서출판 현자

책을 내며

저기 저 참으로 위대한 대 자연의 영롱한 숨소리
그대는 오감의 절묘한 체험을 느껴 보았는가?
그 푸른 향기의 고마움을 한 번만이라도
소리쳐 보았는가!
숭고한 인연과 청춘의 아름다움에
눈시울을 붉히며 울어보았는가.
여린 잎새가 마음인 것을 알면서도
채워지는 속박에 내동댕이쳐 버리지나 않았는가.
미워함을 그리워하고
오늘 화냄을 미소로 보내야 함이
선물임에

나중이라는 말 대신
지금이라는 긍정!
서툰 곡선
어머니는 내려놓음의
걸음 폭으로
헌신의 꽃을 피우는 들녘에
오늘도 변함없이 길 나선다
그 뒤를 따르는 수많은 모국어
굽이치는 강물을 이룬다.

목 차

제 2 부
서툰 곡선

제 3 부
어머니의 국어사전

제 4 부
쉼표를 만나는 곳

제1부
질경이2

쑥갓
쑥부쟁이
구절초 연가
엉겅퀴
질경이 2
겨우살이
닭의장풀꽃 dayflower
맨드라미
사월을 훔친 봄
더위
산 그림자
숲
매미
목화
나락이 익다
메밀
단풍잎 연가

쑥갓

바지랑대 높이로
늦은 봄비처럼 다가와
쌉싸래한 단맛으로
내 삶의 목마름에
곰살궂기도 하지만

가끔은
가시에 찔린 속내를
파고들어
별빛을 피우라는
그 쓰디쓴 푼푼함

푸른빛으로
초승달을 키워
뜬 눈으로 새벽을 깨우는

운명 같은 함초롬한

남새-
그대여

그 그림자 같은
뒷맛의
그리움이여

운명 같은 함초롬한
남새-
그대여

이 세상에서 이 세상이 아닌 곳
보랏빛 꽃잎과 노란 꽃술의 연리지
활처럼 굽어진 구순의 어머니

쑥부쟁이

가을바람에게 서두르지 말라는 눈짓 보내고 있다
꽃대의 길이만큼 웃는 것도 울고 있는 것도 아니다

그 옛날 고향을 떠나 도심에 정착한 이후
꽃잎마다 골 깊은 세파는 거세게 각인 되어있다

인간은
자연으로부터 오고 자연으로 돌아가야 하는 것이 순리

이 세상에서 이 세상이 아닌 곳
옛 청년을 따라 어디론가 떠나야 할,

보랏빛 꽃잎과 노란 꽃술의 연리지
"우리 가족은 내가 떠나도 별 일 없겠지요?"

활처럼 굽어진 구순의 어머니
허리 위에 쑥부쟁이 꽃 한 아름 이고 있다.

구절초 연가

절제된 햇살아래
꽃잎마다 하얀 숨결
는개로 피니
누구를 향한 기다림일까

꿈꾸는 꽃대마다엔
청아한 생명의 뿌리들이
익숙한 향기로
목마른 계절을 일으켜 세우고

사람 사는 곳 어디에나
하루를 마감하며
이 땅에 별빛으로 피고 지는
천상의 꽃

너를 향한 이 꽃 멀미
한 번쯤
마음 없어 보고 싶은 건
무슨 까닭일까?

절제된 햇살아래
꽃잎마다 하얀 숨결
눈개로 피니

또 다른 내 속의 아름다운 표독(慓毒)
하늘 향해 기도하는 넌 디오게네스

엉겅퀴

절정을 향한 화려한 풀꽃
아직, 눈 뜨지 못한 숲에서
당홍唐紅의 거친 숨결 토해내고

눈부신 이슬을 더듬다
세상에 부딪쳐 조각난 연골
구름의 언어로 피어나는
육신肉身의 가시

그 누구도 범접 할 수 없는
방어의 가시를 심어놓은 너는
또 다른 내 속의 아름다운 표독慓毒
하늘 향해 기도하는 넌 디오게네스

삶은 끝없이 고통을 낳는
사랑이라고

질경이 2

누군가 말 했시요
양지바른 길가
어느 곳에든
그댈 만날 수 있을 거라고
보도블록 틈새를 비집고 올라온
꽃잎처럼
삶은 끝없이 고통을 낳는
사랑이라고
오가는 사람마다 무심코 밟아버리는
내 일상은 그렇다 쳐도
제길도 아닌 자동차 바퀴에 짓눌리는 서러움엔
차마
깨어나고 싶지 않지만
죽음을 두려워하지 않는 꿈이 있기에
끈질기게 살아남아
하얗게 꽃을 피우는
내 삶의
유일한 사랑의 씨앗이지요.

겨우살이

너는 나목의 황홀한 손짓으로
수줍어 겸손한 채
목숨이 왕성한 초봄의 색깔로
작은 잎을 피운다

계절마다 따라 붙는
돌이킬 수 없는 슬픈 후회로
꽃은 없어도
바람보다 투명한 생명력을 보여준다.

닭의장 풀꽃 dayflower

햇빛은 무엇 하러 받는가
이른 아침 이슬 머금고 피었다가
채 한 나절의 시간도 불필요한
노란색 꽃술의 운명인걸!

무엇이 그리도 서러워
이전으로부터 물려받은
유전자의 희미한 옛 기억으로
닭의 벼슬을 닮은 꽃

땅에 납작 붙어
달개비란 별명으로
파란 슬픔을 피워내는
너는–

단, 하루를 살아도
본분을 잊지 않는
그 올곧은 청초함이다.

맨드라미

여름이 잠든 오후
낯익은 고향집 앞마당에
주름치마 단장을 하고
살짝 띠운 빨간 미소가
간만에 찾은 귀향을 반긴다

마치
그의 하늘 향한 마음은
주름 속에 숨겨진
어머니 마음이더라.

사월을 훔친 봄

수면睡眠의 오기로 버티던
침묵의 땅속
대낮 쪼그리고 앉은 숨 가쁜 바람 따라
방향을 잊어버린 채
개나리가 아름다운 공허를 뽐내고 있다.

모두가 방향의 언덕을 달려
추억의 꽃들이고 싶어 한다
망설임 없이 바람에 일렁이는
풀잎처럼
향기로운 유혹의 몸짓이다

빈 가지마다
아득하게 들려만 오던
늦게 핀 사월의 끈끈한 햇빛이
산과 산을 마주 보며
산 목련 한 송이
허허로운 세상의 언어로 터트려
또 하나의 꽃잎으로 젖어 오는 것을-

더위

여름
밤은 짧은데
천둥은 새벽까지
잠 못 이루며
무섭도록
가을을 생각한다

산 그림자

죽이지 마라
발끝으로 서 있는 새 한 마리
살려 달라 애절한 몸짓으로
몇 자락
물 길이 재며
싹싹 비비고 있지 않은가
더 이상 갈 곳이 없다

숲은 사랑을 품고
사랑은 숲을 품어…

숲

–손길은 필요하지 않아요

그림자보다 눈부신
숲속의 향연 들리시지요.

그저
바람과 물과 관심만 있으면
꽃을 찾은 나비는
꽃가루 옮기고
벌은 열심히 꿀을 얻어
정분을 나누는
황홀한 사랑만 있으면, 그뿐

덧없는
사람의 손길은
더 이상 필요하지 않아요.

숲은 사랑을 품고
사랑은 숲을 품어
우린 함께 호흡을 맞추어야 하지요

매미

여름 내내
희망을 키워온
그 목소리에
세상 끝내야 하는 설움이
가을 기색으로
역력하게 들려온다
너무 울어버려
텅 빈
그의 허물처럼

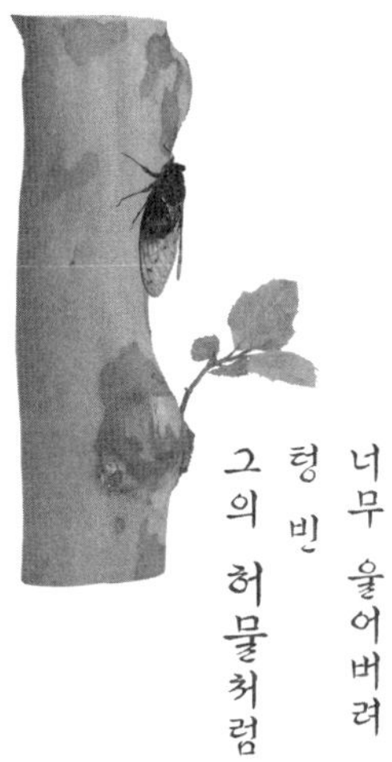

너무 울어버려

텅 빈

그의 허물처럼

목화

더 이상 볼 수 없는 너의 모습
새가 날아오고
나비가 앉아 하얀 춤을 추며
사랑이 피어나던 밭
서둘러 떠나는 빈손의 길목에서
스스로 터질 때 까지
연노랑이었다가 견디며 붉어지면
배고픔에 다래가 터지고
세상에서 가장 따듯한 꽃으로 피어나는
무명綿

백의민족
한참을 잃어버린 단어

나락이 익다

초록의 늦여름이
바람을 앞세우며
하늘로 오르니
하늘과 맞닿은 땅에는
황금의 찬란한 외침이
야트막한 어머니의 빨랫줄처럼
일제히 널려져 있다
푸짐한 밥상을 위해
라이너 마리아 릴케의 '가을날'이
일제히 수증기를 피워 올리고 있다

너는

아날로그의 순박한 향기

메밀

가난의 수증기처럼
가을 산허리 감싸 안고
은하수의 은은한 물결 같은
행복의 습관이었지

마음이 고픈 사람이건
첫사랑이 그리운 사람이건
모두의 허기를 채워주기 위해
열매를 지탱해준 숨은 사랑

가뭄도 마다않고
비료마저 멀리하고서
그저 붉게 밀어만 올려야 되는
너는
아날로그의 순박한 향기

단풍잎 연가

하늘은 맑고 서늘하다
바람은 갈대밭을 타고
강물은 해송의 미소로 흐르는데
산과 섬은
뼈마디마다 혈서자국으로
낮게 앉아 그림을 그리며
오래된 추억이 스민 이파리 하나에
건강한 단풍이 되기를 기원한다
어쨌거나 고백으로 물든 사랑하나에
여러 해를 넘어온 너의 마음속엔
내 고향의 꽃으로
저 산 너머 노을빛 노래 듣기나 할까
허욕으로 목메이는 세월 결에 색칠을 하며
첫눈 기다리고 있지나 않는지
알다가도 모를 일이다

제 2 부
서툰 곡선

서툰 곡선

살다보면 어디
아픈 곳이 한두 곳일까
살아 있음으로 한때는
색색물감 풀어놓고
눈시울 뜨겁게 울었지

햇빛과 그늘 속
젖은 삶 바람으로 털며
꽃구름으로 날아간 깃털
별빛에 말라버린 향기
천성天性 없는 화가의 그림은
늘, 서툰 곡선

낯선 땅 낯선 만남
알몸으로 전부를 던져도
부끄럼 없던 날
방책 없이 꿈꾸던 하늘 길
그 아린 사랑
아직도 푸른 인연
삶의 모서리가 아프다

그 아린 사랑
아직도 푸른 인연
삶의 모서리가 아프다

철길

그리움이 그리워
영원히 잡은 손
놓지 못하네

삶의 촉수에 눈물 흘려도
단 한 번의 이별도 없었던
나와 너

곧은길은 곧은 대로
굽은 길은 굽은 대로
함께한 동행

마주한 간격만큼
이해의
고독

너와 나
홀로 서지 못하는

숙명이기에

우리는 지금
서로를 위로하는
막무가내

그 길을 따라

그 분의 빛을 따라 온전하게 붙드시는
주일
그 길을 찾아간다 세상의 어둠에
위축되지 아니하고
인자하심으로 걸어간 용서의 그 길을 따라

가슴에 박힌 죄
하나하나 뽑힘 받기 위하여
불안으로 신음하는
잠자는 내 영혼을 깨워
구원을 찬송하며

오늘도 그 길을
기쁘게 간다.

그냥 웃자

북한산이 들리어 지도록
쩌렁쩌렁하게 그냥 웃자
한강의 물살이 파래지도록
우리 한 번 보듬고 하얗게 웃자
마음속 깊이 간직한 서울의 변신(變身)처럼
하늘에 꽃을 피우고
땅에는 비밀을 간직한 뿌리처럼
아픔은 아픔만큼
인품은 인품대로
그냥 있는 모습 그대로
천박해도 좋을 착각으로
그냥 웃자

철저하게 혼자이면서

가슴 구석구석 퍼져 나가는

바람의 '카라얀'

도시의 협주곡

눈초리 사이에서
열정과 고독이 교차하는
소리의 공간
몸의 뿌리를 뽑듯
철저하게 혼자이면서
가슴 구석구석 퍼져 나가는
바람의 '카라얀'
지휘하는 만큼만
작품과 열애하는
녹색의 선율
그 속에 '운명'이 있고
'비창'이 있으며 '칸타타' '토카타'도 있다
특유의 화음 아리랑이 고로쇠나무 타고
도시의 쉰 목을 적시어 주고 있다.

* '운명' – 베토벤
* '비창' – 차이콥스키
* '칸타타' '토카타' – 바흐

이중마늘

마늘을 까면서 눈이 매워
눈물 나고
손끝이 아려온다

세상에 강한 자는 나날이 강해져
기계로 껍질을 까며
신과의 타협은 절대 없단다

약한 자는 낮은 눈으로
더 높은 곳으로 가깝게 다가서며
버리기 힘든 습관마저
고백 하는데

날마다 먹고 좋아라 하면서도
냄새 싫어하는
그 강심장은

밤새도록 소나기를 피하는
꿈이 무섭다
지폐가 동전을 모르는 척 하는 것처럼

소통疏通

그래도 가끔은
깊이를 모르는 저마다 가슴속에
뜨거운 사랑 이야기 한 토막 안고 산다
없는 것을 있는 것처럼
있는 것은 없는 것처럼
닫힘의 속도는 오래된
망설임 앞에 그렇게 출렁인다

내가 조용히 서 있는 곳에서
먼저 문을 두드리면
오래된 희망 몇 장
문이 열리고
살며시 숨 토하며
제 속의 붉은 마음 열어 보인다

그것은 검푸른 바다위에 파도치는
밖과 문안의
길
웃으며 넘어야 하는
아름다운 부대낌이다.

못

통속의 못을 꺼내어
콘크리트 벽에 못질을 한다

못대가리를 욕망의 힘으로 쳐보지만
이내 못은 제 갈 길로 튕겨나가고
못 잡은 손만 피멍으로 검붉다

배려 없는 욕심에
통 속의 못들도 운 좋게 모두 굽어있다

빨래 줄을 다시 치기위해
철물점을 찾아 나선 길거리에서
구릿빛으로 뒹구는 동전 하나
사람의 눈치를 보다 허리를 굽혀보지만
구부러진 못만도 못하다는 생각에
그냥 두고 돌아서는 순간

자동차 바퀴에 으깨어진
그 십 원의 가슴에
못만 박고 말았다.

배려 없는 욕심에
통 속의 못들도 운 좋게 모두 굽어있다

세상의 추운소리는 단절되었으나
오장육부의 움직임 소리로 가득하다
내안의 소리도 꽤나 시끄럽다는 것을
이제야 알 것 같다

귀마개

혹한을 이겨낼 방도로
오른쪽 귀와 왼쪽 귀를 귀마개로 뒤집어쓰듯 덮었다
3천 원짜리 치고는 꾀나 따스했다
세상의 추운소리는 단절되었으나
오장육부의 움직임 소리로 가득하다
내안의 소리도 꽤나 시끄럽다는 것을
이제야 알 것 같다
처마 끝에 고체로 매달리다 기체로 떨어지는
고드름 같은 차가운 내 안의 소리다
어디가 어떻게 시리도록 아픈지
아직도 소리의 통증을 감지 못하는
상처의 자국들만 거리를 활보하고 있다

그 풍경을 빤히 쳐다만 보고 있을 뿐
추운소리는 귀마개 덕에 듣지 못한 척 한다

한강변을 달리며

지금 내 심장의 주파수는
수백만도 수십만도 아니다
잔잔한 물결의 헤르츠 일 뿐

악보가 필요 없는
금빛으로 반짝이는 갈대의
흔들림이다

저녁 무렵을 연주하는
지구의 자전은
콘서트 무대를 떠나지 않으려는
나를 로스팅 하고

빠져나간 썰물처럼
일상의 스마트한 서정은
가슴이 아리다

한강변을 달리는
농도 짙은 시심詩心은
오늘도
판막 폐쇄부전이다

커피 한 잔

마음 바쁜 발걸음
깜빡이는 신호등
갈팡질팡을 내려놓고
분해된 피곤으로 저어본다

절제가 달아난 고요한 찻잔에
둥글게 다가와 자리 잡는
은밀한 주파수
나에 입술을 초성으로 얹는다

언어의 한계를 밀어내는
시인의 뿌리가 격조*激潮를 일으켜
알몸으로 상상력의 맛을 훔친다.

* 격조_ 조류가 암초를 만나서 해면에서 일으키는 사나운 파도

우리 전에 만난 적 있던가

원고지 위에 금빛으로 반짝이는 물고기처럼 시어들이 자유를 노래하고 그 배경에 펼쳐지는 기역 니은으로 이어지는 오케스트라의 선율은 고독으로 쓰러져간 생명들의 진혼곡이다 쓰러질듯 참신한 빛으로 영혼의 문을 열고 펜대를 지그시 잡은 새벽을 꿈꾸는 침묵에 달빛은 아침을 보채지도 않지만 허심하게 드리운 글쓰기 앞에 무엇이 걸려들까 조바심 나게 입질하는 나는 천의무봉* 天衣無縫을 낚을까 소객의무궁*騷客意無窮만 푸른빛으로 꿈꾸다가 잠이 들까 어휘를 주무르는 네 표정에는 극히 자연스러움이 송구한 마음도 없어 보이지만 나는 피곤이 절어 있어도 지고 넘어가야 할 인연들이 있어 오늘따라 서럽고 야속하여 목발에 의지하는 신세로 이렇게 묻네—
그대와 나, 나와 너
우리 전에 만나 적 있던가

* 소객의무궁(騷客意無窮)_ 시인의 생각은 한이 없다.(율곡의 '화석정' 이라는 시에 나옴)
* 천의무봉(天衣無縫)_ 곽한이 지은 〈태평광기〉에 나오는 말로 선녀의 옷에는 바느질한 자리가 없다는 뜻 즉, 시나 문장에 기교를 부린 흔적이 없이 극히 자연스러움을 일컬음.

그대와 나, 나와 너

우리 전에 만나 적 있던가

음치였어

여름 지나면 태풍이 온다는
기상특보
날아가 쓰러지고
제아무리 채비를 해도
죽는 사람은 꼭 나오기 마련

어제는 퇴근 후에
가볍게 한 잔 하고
노래방에 들렀지
그런데 끔찍하게도
상사가 마이크 잡은 시간이 전부였어

그리고
지금껏 노래하고도
음치란 말만 듣는 상사
그는 그
인생까지도 음치였어

말이야

남자가 길을 가다
아주 오래된
절친한 친구를 만나 이렇게 묻는다

"요즘 무슨 걱정이라도 있는 거니"
"사람과 사람이 늘 싸워서"
"왜 싸우는 건데"

"주는 자가 백성을 괴롭히기도 하고
가끔은 나라가 국민을 건드려 화를 자초하기도 해"

"서로 화했으면 좋겠는데 말이야"

사랑과 미움은 조건 없이도
건널 수 있는 건데

시상詩想을 품는 일이란 가래를 삭이는 일이요

시작詩作은 가래를 뱉어내는 행위인지라

함부로 뱉을 수 없는 가래

피로와 싱거운 욕구놀음에
폐속 깊이 가래가 생성되고
깊은 영적靈的 병이 되었다
시커먼 색을 띄거나 누렇거나
때로 붉은 피가 섞이거나 맺히거나
함부로 길가에 뱉을 수 없기에
그저 턱을 높이고
원고지 위에 끈적이게 내 뱉으며
식은땀이 나도록 칵칵대는 것이다

나에게
시상詩想을 품는 일이란 가래를 삭이는 일이요
시작詩作은 가래를 뱉어내는 행위인지라
나는 아직도
이런 가래를 사랑하고 있다

제 살을 떼어내는 아픔을 참고
오랜 세월 응어리진 한恨을 굳히는
진주조개처럼

무좀은 쉽게 사라지지 않는 법

술잔을 돌리듯 습관적이다
연고를 바르고 병원을 가보지만
그는 여전히
살갗을 파고드는 친절이
자신의 집안 내력인 냥
틈새를 주의 깊게 살피는
노련한 기회로 승리를 노린다

구기 종목 경기에서
공에 집중하듯
온정신을 기울여도
흉물스런 발톱 앞에서는 언제나
피 흘리는 긁적거림이다

목초액 처방으로
당장은 성공을 거둘지라도
원인과 문제점을 캐내지 않으면
그는 스스로 사라지기를 원치 않지

몸에서 사라진 듯하지만
틈새 깊이 박혀 보이지 않을 뿐
때를 노리는 노련한 습관은
짙게 깔린 구린 색깔로 남아있다

종이꽃

그의 몸은
하늘에서 배당받은 만큼만
반짝이며 떨어지는
물빛이다

저녁 해거름
막사발의 막걸리처럼
황소가 탁탁하게 울부짖는
소리이다

바닥을 치며
흐르다가
노래방의 반주처럼 솟구치는
선글라스를 써야 하는 눈부심이다

웃통을 벗어재낀
정직한
여름의 정점에서
한 줌 재로 사라져갈
희망의 종이꽃이다

제3부
어머니의 국어사전

봄을 캐다

봄이 쑥을 캐는 것이 아니라
쑥이 봄을 캔다
매해마다 다르게 뽑히는
가슴깊이 묻혔던
장고개* 댁 한 숨 섞인 주름들이
쑥 뿌리
뿌리마다 매달려
쑤~욱- 빨려 나온다

툭-하고
털어내는 한恨 만은 삶속으로
경련을 일으킨 꽃들이
먼 산부터 여시 불을 피운다.

* 장고개_ 어머니의 고향 동네

된장

자연풍광에 잘 말린 콩을 메주라는 이름으로 지어주면
구수한 이미지로 재구성되어 다가온다
화려하지 않기에 일순간 맛이 사라지는 일은 영원히 없을 것이라는
단정 지음에, 노모의 얼굴빛으로 일제히 일어서는 뚝배기 꽃등의 구수함
그 깊이는 양귀비꽃만큼이나 화려함속에 인생의 간과 맛을 즐긴다
정물화된 냄새로 차려지는 화려한 식탁은 건강의 현상을 보여준다
거대한 현실에서 포장되고 과장된 몸집의 모습을 비유하듯
된장찌개 속에는 가난하던 시절 많은 식구들이 한데 모여
뽀글뽀글 살을 맞대며 그렇게 끓이고 끓이며 살았던 우리네
현기증 나던 내 몸의 혈행血行은 골다공증 · 변비 · 항산화 · 치매
피부미용을 싣고 가장 아름다운 순간을 여행 중이다
된장 맛 같은 몸의 경제를 위하여-

밥상머리에서 타박 하지 마라

어느 겨울날 학교에서 집으로와 얼어붙은 손을 방바닥에 녹이고 있다.

엄니가 옻칠이 벗겨진 둥근 소반小盤에 감자를 짓이겨 보리쌀과 함께한 밥 한공기와 짐치, 된장국을 차려 주셨다. 소싯적 생각에는 은근히 맛있는 밥상을 기대했던 것 같다. 그날따라 엄니가 매우 인색해 보였다. 계란, 김, 그리고 유일하게 제사 때만 올라오는 우리 집 생선이던 조기까지 기대 했던 까닭은 희망일 뿐이었다. 그렇지만 그 뻔 한 가난도 아랑곳 하지 않고, 어린나이지만 아버지 어머니의 살아온 현실의 답답한 발자국이 자꾸 아른거려 그만 입술을 한참이나 쭉 내밀고 말았다.

수저 하나만이라도 쥐고 살아야 하는 삶의 절박함이 느껴지는 순간

"밥상머리에서 타박 하지 말거라 복 달아난다." 하시던

어머니의 말씀이 아직도 생생한 이유는 등굽은 잔잔한 삶의 뒷모습으로

구순의 나이에 혼자 살아가시는 일생의 모서리가

나의 심장을 깊게 누르고 있음이다.

수저 하나만이라도 쥐고 살아야 하는
삶의 절박함이 느껴지는 순간

밥은 먹고 다니냐

열네 살 민며느리 순정을 간직한
인고의 뼈대는 텅 빈
대나무 속 마디
마디마다 옹이를 기르고
나이만큼 자란 삭신의 질긴 아픔에
누워 자라는 팔뚝의 호미질은

오늘도
그
그리운 이름
엄니

아사*의 심장처럼 뜨거운 노을에
주름진 목소리가 묻는다

"밥은 먹고 다니냐?"

시름으로 피어난 모성母性이

깨단*으로
울컥 젖어든다

* 아사_ 아침
* 깨단_ 오랫동안 생각 못하다가 어떤 실마리로 인해 환하게 깨닫는다는 순 우리말

어머니의 국어사전

돌솥 밥을 시켰다
밥을 앞 접시에 퍼서 놓고
돌솥에 물을 부으려는데
야, 나둬라 하신다

'깜밥은 물 없이 그냥 누른 밥을 숟가락으로 긁어
넓죽하게 일어나는 것이 깜밥이고
누룽지는 누른 밥솥에 물을 부어 고소하게
좀 연하게 해서 먹는 것이 누룽지란다'

오늘도 어머니의 국어사전은 고소하기만하다

깜밥은 물 없이 그냥 누른 밥을 숟가락으로 긁어
넓죽하게 일어나는 것이 깜밥이고

어머니의 시

아흔 두 번째 생신 상을 차려놓고
고기를 좀 드셔야 할 텐데요
식사가 변변찮아 죄송합니다

'아, 괜찮햐~아
옛날에 먹을 것이 없을 때는
쩌그 없는 친정 가는 것보다
산에 가는 것이 더 좋다고 안그랬는개벼'

'이렇게 남새들이 많이 있씅게 좋구먼 그랴
시방은 이런 것이 웰빙이라며
도회지 사람들이 더 좋다고 날린디
뭐 그런말을 해싼야 말여
끄전에는 없어서 풀만 먹었고
시방은 건강챙긴다고 일부로 찾아 댕기면서
먹고 그려잔여'

'세상 참 오래 살고 볼일 이랑께'

‘그러니 너매 걱정은 허지도 말구
어혀 먹기나 하란말여 글씨’

어머니의 성화에
봄날은 또 가고 있다

코 흘리던 소년은
아득한 은하수 가슴에 품고

그 꿈

무수한 별빛이 쏟아지던 밤
통금을 알리던 사이렌 소리에
코 흘리던 소년은
아득한 은하수 가슴에 품고
서울 새벽을 맞이했지
지금 서울은 오후 5시다

하얀 낙엽

배냇저고리 끌어안고
하늘에 말리던 양수
저리도 먼 길 넘어
쏟은 육신의 물줄기는
세월의 벽을 응시하며
홀로 고난 끝에서 방황하고
자꾸만 멀어지는 언덕의 바람은
하얀 삭신으로 우는
누구인가를 묻고 있을 때
당신은 금빛 강물처럼
노을 되어 흐르네.

시월이 타다

떨어져 나갈 이파리 하나
현실적 햇살로 다가왔다

한 목숨 살고자
궤변을 가로질러
날아오르던 철새의 하늘은
풍성했던 젊은 날의 어머니 젖가슴
구순을 넘어서 붉게 물든 단풍잎은
또 다른 영생을 기도한다

겨울나기

도시의 어느 날 아침이다
고향에서
죽마고우竹馬故友 가 보내온 사과를 깎아
한 입에 물다 말고

한 여인의 생애를 생각한다

겨울 햇살은 따스한 빛을 발하지만
여전히 차가운 냄새가 나고
유리창에 서린 입김은 떠난 기차처럼 안타깝다

지아비의 사랑은 이미 떠난 지 오래고
열네 살 소녀의 꿈은
늘, 가을 들녘의 전경이었으리

구순이 훨씬 넘는 세월
곡괭이처럼 굽은 등은 직립을 모른다

다랑이 논밭으로 주름풍경을 이루었던 산골
물동이에서 뚝뚝 떨어지던 애절한 삶의 눈물들

하얀 도라지꽃이
오늘 유독 선명한 것은
내면에 언 고드름을 녹이기 위한
봄 햇살의 몸부림

도시에 길들려진 나는
내 이야기가 서성이고 있을
아버지가 떠나셨던 검게 그을린
19번 국도를 따라 간다

고향이 탄다

도시에 길들려진 나는
내 이야기가 서성이고 있을
아버지가 떠나셨던 검게 그을린
19번 국도를 따라 간다
기다림에 지친
물의 깨달음처럼
굽이굽이 금강을 챙기면
비스듬히 마중 나온 뜬봉샘 햇살위로
허기진 눈물꽃 피우던
지평선 하나
서로 가던 길을 멈추며
마비된 생각에
오늘도 끼니 짓는 연기 속으로
아스라이 자운영 꽃 붉게
구순이 넘도록
밤을 태운다

장안산

갈대와 억새가 나란히 있으니
도타운 지란지교다
저 광활한 만추의 바람을 따라
붉은 낙조의 빛을 머금은 채
한 점 바람에도 쉽게 흔들리며
금빛 가루 아쉬운 듯 털어내는
정작 너는 슬픈 산

금강
섬진강
낙동강의 분수령

덕유산과 지리산을 잇는 백두대간의
금남과 호남 정맥의 시발점

그 옛날이야기가 산을 둘러싸고
휘감는 계곡들과 함께 소리 없는
파노라마로 펼쳐지는
슬픈 역사의 줄기를 머금은
그대

* 장안산_ 전북 장수군에 있는 높이 1,237m의 산

한 점 바람에도 쉽게 흔들리며
금빛 가루 아쉬운 듯 털어내는
정작 너는 슬픈 산

채송화

어머니의 굽은 세월로 올라서는
낮은 뜨락에
셀 수 없을 만큼의 눈부심이
오밀조밀 모여 햇살을 마신다
반란을 꿈꾸는 봉숭아와
순결한 나리꽃사이에
작은 꽃잎을 내미는
도타운 사귐-
그것이 널
강하게 만들었나보다
깨알보다 작은 씨앗으로
하루의 모래밭을 가꾸는 너의 강인한
겸손-그래서
울밑의 가장 낮은 모습으로
'보석이 흩어져 피어난 꽃' 이 아니겠느냐 *
현기증 까지도 잠재우는 순수의 몸종으로

* 서양에서 내려오는 전설

울밑의 가장 낮은 모습으로
「보석이 흩어져 피어난 꽃」이 아니겠느냐
현기증 까지도 잠재우는 순수의 몸종으로

장수
사과
맛에
육신이
녹아나면

맛이 꽃으로

장수
사과
맛에
육신이
녹아나면
내 시가
사과
꽃으로
피어날까!

막걸리 찬가

낮엔 종갓집 술밥으로
배고픔을 채우고
긴긴 밤엔
몰래 마신 아버지의 막걸리 한 사발에
한 끼를 때우고 잠들던,

오늘
그날의 고픔을 되새김질하며
딱-
한 잔의 막걸리를 마신다.

칠흑 같은 어둠에
대문 밖 뒷간도 갈수 없던 아이
아버지의 불호령 같은 심부름에
노랗게 찌그러진 주전자를 들고 나서면
어느새 따라나서는 동구 밖 상현달이
마냥 고마워
눈시울 붉히는 침묵으로
달님에게 희망을 물었다

그래서 오늘도
유년의 희망을 들이킨다
벌꺽벌꺽!
목구멍을 넘어 갈 때마다
꿀꺽이며 참아야 했던
눈물-

턱밑으로 흘러내리는
이른 세월을
손등으로 훔치면

그 진한 삶의 흔적들은
술밥 찌는 수증기처럼
사라지고-

동두천, 나를 물들게 하다

멀어도, 멀리 있어도
그 젊은 날 소요산에 올랐을 때
그랬고
내 첫 강의가 시작 되었을 때도
그랬다
내 인생의 시간표 어디엔가
동두천이라는 숲을 거닐며, 내 마음에
산수화가 되어버린 아름다움에 취해
금빛으로 빛나는 사람에 물들어
찬란한 노을을 함께 볼 수 있다면
내 살아가는 나날에서
재수 좋은 나는 행복이다
때로는 마음으로 흐느끼고
손으로 만지작거리는 촉감의 큰 기쁨으로
'정열의 시간이 우리를 떠나기 전에'라는 예이츠의 시구처럼
동두천에 푸른 둥지를 올릴 수 있다면
별과 꽃과 사랑과 평화가 어우러진
아직 젊은 동두천은 백 십점이다.

제4부

쉼표를 만나는 곳

詩魂

오월처럼 원숙하지도
푼푼하지도 못하는 바람의 움직임
장미처럼 가시의 향에 취하지도
– 못하는
시혼의 미각만 꼬드기는 홍녀紅女
변죽만 울리는
그 아름답고 순수한
처절한 고통의
마 디 마디

시혼의 미각만 꼬드기는 홍녀紅女

사람의 숲에 사는
새는
목이 쉬도록
자신의 삶에 죽도록
아부를 한다

아부하다

시는 뮤즈에게 아부를 하고
기억은 흐뭇한 추억에
아부를 한다
사람의 숲에 사는
새는
목이 쉬도록
자신의 삶에 죽도록
아부를 한다

이래서 아부는 독배를
마시는가보다

*뮤즈_ 그리스신화에 나오는 詩의 神

소리

아름드리나무가 찢는
웅장한 몸짓의 언어

움직임으로 얻어내는
설레도록 뜨거운 눈물

크고 찬연한
그 거대한 사랑꽃

움직임으로 얻어내는
설레도록 뜨거운 눈물

침묵 속엔
물 흐르고
꽃이 핀다

침묵

고혹적인 자태라
함부로 말할 수 없다
입술을 깨물고
차라리 투정이라 말하자
비오면 꽃 피고
바람 불면 꽃 지듯
침묵 속엔
물 흐르고
꽃이 핀다.

詩的

잠든 영혼을 일으켜 세워
빛을 발하게 하는
너는
언어의 방랑자
내 안의 不眠

공초 오상순 소묘

그의 마음은 날개다
자유로이 마음의 길을 허공에 내어주니
비울 것도 채울 것도 없다
삶의 깊이가 그가 피워대는 담배 연기처럼
고요하다
그가 마시는 막걸리 한 사발에
폐 깊숙이
파고드는 허무는
너무도 쓰다 못해
구름 한 점 없는
가을 하늘이다

일체유심조一體唯心造

방향을 잃은
혼란스러움에
어찌할지 모르던

어 둠 이

터널 끝을 잡고
빠져 나와
빛으로
두근두근 거린다

오로지 움직임만 생각할 뿐이다.

터널 끝을 잡고
빠져 나와
빛으로
두근두근 거린다

사월의 신록 앞에
숨죽인 태양은
신등성을 쫓기듯 걷고 있다

그림자

사월의 신록 앞에
숨죽인 태양은
산등성을 쫓기듯 걷고 있다

내 눈은
사람들 걸음걸이를 피해
그 뒤를 따라가다가
바위틈에서 피어나는
풀 한포기와 입맞춤을
그만 놓쳐버렸다.

혼돈

기고만장했던 태양은
그림자로 사라지고
나를 품은 바람은
어느 새
여름의 끝
존재를 흔들기 시작한다

역류

요즘 세상은
강물조차도 흐르기 바빠
굽이 굽이치는 형상을
그리지도 못하고
아쉬움을 포개 쥔 채
강둑을 넘는다

가을노을

돌아보아야 한다
덧없는 날이 가기 전에
까닭도 없이
인생의 정원에서
행복을 꿈꾸는
지금
어느 지점에서
어떻게 나의 가을이
물들어 가고 있는가를
아직도
산 너머 저쪽에서
뒹구는
시지프스의 당당함의 존재처럼

돌아보아야 한다
덧없는 날이 가기 전에

후회後悔란 풍작豊作 뒤로
농담처럼 떠나간다

언제나 여운

낱알처럼 냉냉한 햇살
세상을 살찌우고
강물은 갈대 빛으로 굽이치는데
바람의 제한속도에
꼬리 흔드는 나뭇잎 욕심
후회後悔란 풍작豊作 뒤로
농담처럼 떠나간다

하루살이

단,
하루를 살기위해
천일동안 스물다섯 번의 허물을 벗으며
물밑에서 사는법을 배운다. 그것은
단, 하루 날갯짓을 누리기 위한 처절한 몸부림이다.
험한 물밑에서
견뎌내는 일이 순탄치 만은 않을 지라도
수많은 부서짐의 변신으로
그렇게 준비 하는 것이다
하루 동안 종족을 번식시키고
생의 마지막을 불태워야 하기에
지상의 하루는 입마저 없다
자신의 죽음이 다 할 때까지
처절하게 부서져본 사람만이
그의 비밀을 아는 것처럼

쉼표를 만나는 곳

진한 교감으로 혼자이거나
누군가를 기다리는 시간이 원으로 다가온다
내 몸속에서 추출되지 못한 찌꺼기까지도 향기로 녹아
밤 기도의 뜨거운 영혼으로 일어서는 느낌이 아주 좋다
오감으로 밀려오는 인생의 흐뭇한 향들이
찻잔의 고요 속으로 빨려 들어가
그 깊이는 알 수 없지만
가만히 그 속으로 따라가다 보면
어느새 온 몸의 피로가
새벽 첫 기차를 타고 여행을 떠나듯 가신다
여유라는 한 잔 그 속으로 가자-
그 곳에서
나와 나, 너와 나
숨 가쁘게 달려가는 바쁜 걸음
낯설지 않은
쉼표를 만나는 거다

깨지지 않는 본질

씨앗을 통해본
생명 탄생의 모습은
유리에 맺힌 물방울로
희망이란 시각적 표현이
사진이나 그림으로 회복되고
정신없이 살다보니
여기까지 왔노라고
자연에게 살아온 이야기 하지
날마다 등짐지고 고개를 넘어야 했던
등짐장수의 옆모습처럼
그냥 직감으로 알 수 있어야 할 터

날마다 등짐지고 고개를 넘어야 했던
등짐장수의 옆모습처럼
그냥 직감으로 알 수 있어야 할 터

긍정하기

착 가라앉은 강기슭
선머슴아처럼 쭈뼛쭈뼛 초록 무스 바른 채
주인 없는 나룻배를 감싸 안고
아픈 기다림으로 숨죽인 강을 향해
꾸부정하게 바라보는 갈잎

강물은 애증의 모습으로
먼 산을 온전히 품고
물결마저도 적막으로 잠재우며
어렵게 내개로 다가온다

산은 산대로
강물은 강물대로
서로를 품으며

목선은 목선대로
갈잎은 갈잎대로
아름다운 풍경을 만들어 내니

누군가가 보는 것을 잃어버리고
풀잎에 눈물로 주저앉아 겪고 있을
고통과 좌절에서
좀 더 나은 누군가에 대해
기대의 끈을 놓지 않는 오묘함

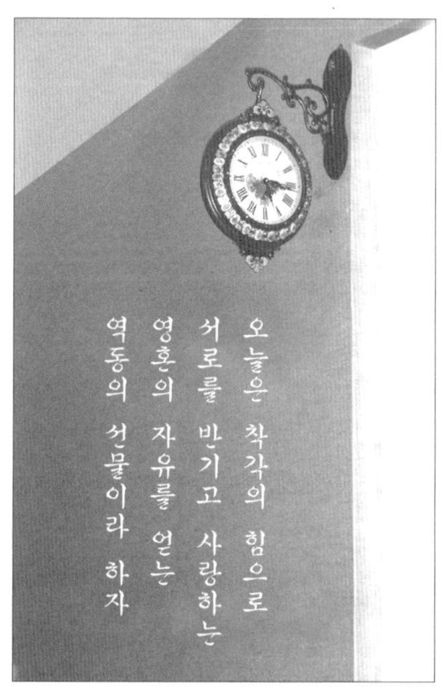
오늘은 착각의 힘으로
서로를 반기고 사랑하는
영혼의 자유를 얻는
역동의 선물이라 하자

선물이라 하자

어제는
없는 기억으로
자유롭게 흘러가
역사라 말을 하자

내일은
그믐달 같은
아슬한 바람으로 일어나
또 다른 오늘을 깔고
앉을 테니
비밀이라 하자

오늘
오늘은 착각의 힘으로
서로를 반기고 사랑하는
영혼의 자유를 얻는
역동의 선물이라 하자